...CE DES MAISONS D'ÉDUCATION CHRÉTIENNE

DIRECTOIRE

DES

ÉLÈVES

PARIS

LIBRAIRIE CH. POUSSIELGUE

RUE CASSETTE, 15

DIRECTOIRE

DES

ÉLÈVES

PARIS

LIBRAIRIE CH. POUSSIELGUE

RUE CASSETTE, 15

—

1898

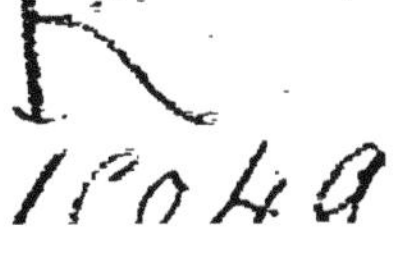

AVANT-PROPOS

I. A MM. LES SUPÉRIEURS ALLIÉS

Le *Directoire des Élèves* est destiné à faire une suite naturelle au *Directoire des Maîtres* et au *Directoire des Surveillants* précédemment édités par les soins de l'Alliance.

Suivant l'avis autorisé qui nous avait été donné, nous avons entièrement renoncé à toute recherche oratoire, à toute magie de style pour condenser dans un tout petit nombre de pages le plus grand nombre possible de conseils utiles. Nous avions à éviter le particularisme, à ne pas prescrire à tous des observances réservées à telle ou telle catégorie d'élèves, ou seulement en usage dans telle ou telle maison ecclésiastique ; nous devions aussi nous garder du défaut opposé et ne pas demeurer vague et imprécis dans nos formules. Avons-nous pleinement réussi à nous préserver de ce double écueil ? Notre travail ne sera-t-il pas jugé insignifiant ou trop pâle ? MM. les Supérieurs alliés voudront bien nous en dire simplement leur pensée, en nous indiquant des additions ou des suppressions pour une nouvelle édition qui s'imposera, nous nous y attendons.

A notre humble avis, ce Directoire devrait être remis entre les mains de tous nos élèves comme leur *vade-mecum* journalier. On le lirait en public sans commentaires dès les premiers jours de la rentrée d'octobre. Un peu plus tard, MM. les Supérieurs ou MM. leurs délégués pourraient pendant les lectures spirituelles en paraphraser et en expliquer successivement, mais dans l'ordre qui leur paraîtrait le meilleur, les différents chapitres. On réserverait pour certaines époques ou pour certains groupes distincts, la lecture des paragraphes concernant les retraites, les vacances, le baccalauréat.

Nous dédions ce modeste opuscule à saint Joseph, et nous prions le glorieux chef de la Sainte Famille de le faire contribuer au bien de ces chers enfants dont nous sommes les protecteurs et les pères, comme il l'a été si exemplairement de leur Frère aîné, le divin Enfant de Nazareth.

II. A NOS ÉLÈVES

Voici pour vous, chers élèves, un tout petit livre rempli de tout petits détails. Ne le jugez pas sur son modeste format ; ne le méprisez pas à cause de son style simple et sans prétentions. Lisez-le attentivement ; relisez-le souvent, apprenez-le presque par cœur, écoutez-en docilement le commentaire de vos sages et zélés directeurs.

Certains avis vous sembleront peut-être indiscrets et menus, vous sourirez en les lisant ; soyez persuadés cependant que tout a été pesé, éprouvé, avant d'avoir été introduit dans ce *Code du parfait écolier chrétien*. Les conseils simples et pratiques qu'il renferme sont précisément ceux dont vous aurez couramment besoin dans vos relations et vos exercices de chaque jour.

Si vous êtes fidèles à votre *Directoire*, vous serez heureux au collège, vous y vivrez en enfants aimables, en jeunes gens distingués, environnés de l'estime et de l'affection de vos parents, de vos maîtres et de vos amis. Et, ce qui nous importe davantage, dans quelques années ou dans quelques mois, accoutumés au travail, rompus à l'obéissance, formés aux bonnes manières, tout pénétrés du véritable esprit chrétien, vous serez en état d'entrer fièrement en lice au service de Dieu qui vous bénira, et du pays qui pourra compter sur vous.

E. LÉON,

Supérieur du Collège Saint-Sauveur de Redon (Ille-et-Vilaine.)

7 Mars 1898.

En la fête de saint Thomas d'Aquin.

Le lecteur auquel ne suffiraient pas les indications brèves contenues dans ce Directoire, pourrait les compléter et les développer heureusement, en se procurant un autre ouvrage récemment édité par l'*Alliance*, LE CONSEILLER DE LA JEUNESSE, du regretté abbé Lejard. (Librairie Ch. Poussielgue. Prix : 2 fr.)

DIRECTOIRE

DES ÉLÈVES

PREMIÈRE PARTIE
LES EXERCICES DES ÉLÈVES

CHAPITRE I
LES ÉLÈVES A LA CHAPELLE

I. L'entrée — La sortie — La tenue générale

En vous rendant à la chapelle, rappelez-vous que vous allez vous présenter devant Dieu. *Terribilis est locus iste: non est hic aliud nisi domus Dei et porta cæli.* Assurez-vous que vos vêtements sont en bon ordre ; enlevez ce qui serait superflu, les cache-nez, les manteaux, etc. ; donnez-vous un coup de brosse, si c'est utile, rabattez votre collet, mettez vos gants, si c'est l'usage, etc. Prenez avec respect de l'eau bénite; ne jouez pas avec ce sacramental. Faites bien le signe de la croix, pensez à purifier votre cœur et à vous repentir de vos fautes.

Dès l'entrée, marchez lentement et modestement ; avant de pénétrer dans les bancs, faites posément la génuflexion et demeurez debout à votre place, jusqu'à ce que tout le monde soit entré. Recueillez-vous déjà. *Ante orationem præpara animam tuam.* Gardez toujours un silence rigoureux dans le lieu saint. Ne tournez pas la tête de droite ni de gauche ; ne cherchez à aucun moment à dévisager les personnes qui se trouvent dans les tribunes ou dans les bas côtés.

Au signal donné, mettez-vous à genoux pour faire la prière préparatoire. Que vous soyez assis, debout ou à genoux, ayez toujours une posture irréprochable, et ne scandalisez personne par des légèretés même minimes de paroles ou de tenue. Ne crachez point à terre, ne vous mouchez pas avec éclat. Ne vous permettez pas d'étudier dans vos livres ou cahiers de classe, ce serait un travail maudit de Dieu et méprisé des hommes.

A la fin de l'office, mettez-vous à genoux pour remercier Dieu des grâces obtenues. Remettez vos livres à leur place ; n'en déchirez pas et n'en disséminez pas les feuillets. Vous observerez à la sortie, avant et pendant le défilé, à peu près les mêmes prescriptions qu'à l'entrée (génuflexion, marche lente, eau bénite si c'est l'usage, etc.)

II. La Sainte Messe.

La Sainte Messe étant l'action par excellence de notre sainte religion, n'y assistez jamais qu'avec le plus grand esprit de foi et la piété la plus sincère.

Entendre la messe est obligatoire le dimanche et les jours de fête. Ayez un Office paroissial, et servez-vous-en soit pour chanter avec goût et modération ce qui doit l'être, soit pour suivre religieusement les belles prières que le prêtre récite à l'autel. C'est la meilleure manière pour vous d'assister à la messe le dimanche.

Pendant la semaine vous pourrez varier les méthodes : méditer les fins du sacrifice : adoration, remerciements, expiation, demandes ; lire le saint Évangile, les réflexions du Chemin de la Croix ; réciter parfois de pieuses prières, des litanies, ou le chapelet ; réfléchir à ce que vous aurez à faire ou à éviter pour le bien de votre âme pendant la journée, etc. Il convient peu de lire après le *Sanctus*, il vaut mieux alors prier et s'unir au prêtre, jusqu'au moment de la communion. Lorsque vous ne communiez pas sacramentellement, il ne faut pas omettre l'excellent exercice de la communion spirituelle. Si l'on chante des cantiques en langue vulgaire, faites-le convenablement d'esprit, de cœur et de bouche, et ne commettez jamais la légèreté sacrilège de travestir les paroles saintes, ou d'adapter à la musique des paroles inconvenantes ou simplement profanes.

III. Les Vêpres et le Salut.

Se contenter d'assister à la Messe le dimanche et les jours solennels ne saurait suffire à de véritables chrétiens. Le jour du Seigneur lui appartient tout entier. Assistez donc de bon cœur à l'office du soir. Chantez avec entrain, sans crier cependant, les psaumes et les hymnes de l'Église.

Rien ne remplit l'âme bien disposée de pensées suaves et fortes, comme le salut du très Saint Sacrement ; ranimez votre ferveur pendant le chant du *Tantum ergo*, et ne manquez pas de solliciter avec confiance de Jésus qui vous bénit les grâces dont vous aurez besoin pour passer une bonne semaine.

IV. Les prédications.

Vous avez assez souvent l'occasion d'entendre des sermons ou des homélies ; simple ou ornée, éloquente ou familière, la parole du prêtre en chaire est toujours la parole de Dieu. Ne la laissez pas tomber à terre : saint Augustin compare cette négligence à la profanation volontaire de la sainte Eucharistie. Recevez-la plutôt dans un cœur docile.

Au commencement et à la fin de la prédication signez-vous pieusement ; pendant qu'il parle, regardez modestement le prédicateur ; croisez les bras, ne conservez aucun livre ouvert devant vous ni sur vos genoux ; ne remuez pas les pieds, ne vous mouchez pas avec bruit, évitez même dans la mesure du possible de tousser fort, si vous êtes enrhumé.

Dans les cours, au réfectoire, dans vos lettres, au parloir, ne prenez pas des airs de petits maîtres pour apprécier et critiquer les sermons; profitez-en pour éclairer votre conduite et réformer vos mœurs ; ne vous permettez d'en parler

que pour en faire l'éloge, et encore rarement et
sans pédantisme.

V. La confession.

Il est d'une importance souveraine que vous
sachiez discerner parmi les confesseurs laissés à
votre choix celui qui convient le mieux aux besoins de votre âme. Recherchez donc celui qui
vous inspirera le plus confiance et qui pourra
vous conduire avec plus d'autorité dans le chemin difficile de la vertu. Avant de vous décider,
priez et consultez au besoin quelques personnes
sages et désintéressées.

Aux jours marqués, rendez-vous au confessionnal en silence. Appelez en vous par la prière
et le recueillement l'esprit de pénitence et de
componction. Examinez diligemment votre
conscience; excitez-vous plus sérieusement encore à la contrition. Si vous êtes obligé d'at-
tendre votre tour, n'affectez pas un air dissipé,
égaré, ennuyé, une posture molle et noncha-
lante. Pendant la confession, soyez franc,
humble et discret; ne vous embarrassez pas
d'une multitude de détails inutiles ou de péchés
légers dont la contrition vous manque absolu-

ment. Commencez par accuser les fautes dont l'aveu est le plus pénible. Écoutez les avis du confesseur comme venant de Dieu lui-même. Demandez-lui simplement les conseils qui vous sont utiles pour votre vie journalière, le temps des vacances, votre vocation, etc. ; parlez-lui sans réticence et sans détour, si vous voulez qu'il soit pour vous un médecin, un père, un directeur et un ami.

Au moment de l'absolution, inclinez-vous profondément, et récitez du fond du cœur l'acte de contrition. Lorsque le Sang divin vous a purifié, sortez du confessionnal, mettez-vous à genoux, remerciez le Dieu des miséricordes ; accomplissez immédiatement autant que possible la pénitence imposée : rappelez-vous ce que vient de vous dire le confesseur et les résolutions que vous avez prises ; demandez à Notre-Seigneur, à la très Sainte Vierge de vous aider à les tenir.

Après avoir accompli ces actes, ni à la hâte, ni trop lentement, rentrez à l'étude, ne vous arrêtant point pour parler à personne, et ne vous détournant point de votre chemin sans une permission du maître chargé de la surveillance des confessions. Remettez-vous au travail joyeusement, mais en vous défiant d'une dissipation assez commune en ce moment : elle serait de mauvais exemple et diminuerait déjà en vous la grâce du Sacrement.

Il est possible que vous ayez besoin de parler quelquefois à votre confesseur en dehors du tribunal de la pénitence ; ayez soin de vous entendre avec lui à ce sujet, et de vous faire expliquer comment vous pourrez l'aborder sans heurter les usages de la maison.

VI. La sainte Communion.

La source principale de la piété, du travail et de la vertu se trouve dans l'adorable sacrement de l'Eucharistie, allez donc y puiser aussi souvent que vous le permettra votre confesseur, sans vous inquiéter de ce que les autres pensent, disent ou font ; si vous êtes soucieux de vos intérêts spirituels, ce ne sera pas votre confesseur qui vous poussera à la communion fréquente, ce sera vous qui vous montrerez affamé du Pain de vie.

La veille de la communion, vous aurez soin d'y penser, de vivre plus pur, d'offrir à cette intention vos travaux et vos peines. Le matin, dès votre réveil, votre pensée se dirigera vers le

Tabernacle, où vous attend le Bien-aimé. Immédiatement avant la communion, vous réciterez soit par cœur, soit en les lisant, les actes de foi, d'humilité, de confiance et d'amour.

Au moment voulu, convenablement vêtu, les mains dégantées et jointes ou les bras croisés, les yeux baissés, vous vous avancerez vers la Table Sainte. Après avoir reçu Notre-Seigneur vous retournerez lentement et modestement à votre place ; ayant soin de l'adorer et de le remercier dans le plus profond silence pendant quelques instants, à genoux, sans vous occuper alors de lire ni de chanter. Vous lirez ou vous chanterez seulement lorsque vous vous apercevrez que le recueillement diminue et que l'imagination commence à vous entraîner dans les distractions.

Si vous voulez que vos communions soient fructueuses, préparez-les par une vie de travail et de sacrifice. Proposez-vous habituellement une intention spéciale, sollicitez une grâce particulière ; prenez une résolution nettement déterminée.

Après la communion, revenez par des retours rapides pendant la journée vers Celui qui vous a visité dès le matin. Que sa présence vous réjouisse et vous fortifie dans l'accomplissement de tous les détails de votre vie écolière.

VII. Le service des Autels.

Rien d'honorable comme le service des autels ; si vous êtes employés en qualité d'enfants de chœur, soyez-en fiers, et mettez votre soin à y paraître pleins de grâce et de modestie. Revêtez avec respect la soutane et le surplis. Cheminez doucement dans le sanctuaire, faites les cérémonies avec aisance et ponctualité ; c'est le Roi des rois que vous servez.

Le service direct de la Sainte Messe est le plus grand acte religieux auquel vous puissiez coopérer ici-bas. Apprenez parfaitement et articulez distinctement toutes les réponses ; n'ayez point de mouvements précipités ; maniez ou offrez suivant les rubriques le missel, le voile, les burettes, etc. Occupez-vous en répondant la messe de prières mentales ou vocales, spécialement depuis le *Sanctus* jusqu'à la communion.

A la sacristie, en tout temps, gardez le silence ; soyez discret et réservé ; ne commettez jamais la moindre indélicatesse.

———

CHAPITRE II

LES ÉLÈVES PENDANT LES PRIÈRES

I. La Prière du matin.

La prière du matin ne doit jamais être omise.
Faites-la toujours à genoux, les bras croisés, le
corps droit, les yeux baissés. Si c'est à votre tour
de la réciter, faites-le à voix haute, bien articu-
lée, sans précipitation, ni lenteur. Si vous y
assistez seulement, suivez-en mentalement les
différentes parties, et répondez avec ensemble
aux endroits accoutumés. Cette prière doit remplir votre âme de bonnes résolutions pour la
journée. Il convient de la savoir par cœur,
comme celle du soir.

II. La Prière du soir.

Vous suivrez les mêmes avis que pour la
prière du matin, mais vous aurez soin de faire
en plus l'examen de conscience, vous rendant
nettement compte de l'emploi de votre journée,
remerciant Dieu des grâces obtenues, des vic-

toires remportées, et lui demandant pardon pour les fautes commises. Vous n'aurez pas toujours le temps de vous examiner pendant la prière comme il conviendrait, vous y suppléerez en vous déshabillant, et en vous mettant au lit.

III. Les Prières scolaires.

Au commencement des études et des classes, on récite ordinairement le *Veni Sancte Spiritus*, et l'*Ave Maria*, à la fin le *Sub tuum*. Vous avez à vous défier de la routine et de l'inattention pendant ces courtes prières dont l'utilité et la convenance sont manifestes. Quoi de plus sage que de demander au Saint-Esprit la lumière et la force, le courage et la bonne volonté pour surmonter les difficultés du travail ! Quoi de plus doux que de consacrer ses études à Marie, l'illuminatrice des intelligences et la consolatrice de tous ceux qui peinent ici-bas !

IV. Le *Benedicite* et les Grâces.

Sive manducatis, sive bibitis, sive aliud quid facitis, omnia in gloriam Dei facite. Des prières plus courtes encore, mais également motivées, précèdent et suivent les repas. Contractez au col·lège l'habitude de les réciter toute votre vie avec reconnaissance envers le Seigneur dont la Providence vous nourrit si régulièrement. Pensez aussi quelquefois à tant de malheureux qui meurent de faim et qui peut-être ont moins offensé Dieu que vous.

V. Le chapelet, les litanies de la Sainte Vierge et l'*Angelus.*

Le plus ordinairement dans nos collèges chrétiens, le rosaire est récité par fractions mais en entier publiquement une fois par semaine. C'est une excellente coutume. Vous l'accepterez avec d'autant plus de joie, que la récitation peu onéreuse d'environ vingt *Ave Maria* par jour vous assurera une protection efficace de la part de Marie. Les écoliers fervents trouvent même la facilité de réciter le chapelet tous les jours (à la Sainte Messe, avant la lecture spirituelle, avant de s'endormir). Pour éviter la routine, ayez soin de vous proposer une intention et de méditer tour à tour les mystères joyeux, douloureux et glorieux.

Les litanies laurétanes suivent le chapelet,

et sont une série de compliments et d'invocations à Marie : cette bonne Mère ne peut qu'être sensible à l'éloge sorti du cœur et des lèvres de ses enfants; elle .l'a prouvé par des milliers de grâces et de miracles accordés à ces touchantes prières. Elle aime aussi l'*Angelus* que vous récitez trois fois par jour et qui résume admirablement les mystères de l'Incarnation du Verbe et les sublimes espérances du chrétien.

CHAPITRE III

LES ÉLÈVES
PENDANT L'INSTRUCTION RELIGIEUSE
ET LA LECTURE SPIRITUELLE

I. L'instruction religieuse.

L'enseignement religieux doit primer tous les autres. Vous le recevrez avec un pieux respect, une attention complète. Plus que jamais vous avez l'obligation de vous mettre en état de défendre votre foi contre les doucereux sophismes des prétendus savants et les attaques violentes des sectaires. Loin donc de trouver inutile la classe d'instruction religieuse, loin de regretter le temps qu'elle prélève sur vos études profanes, vous serez plutôt portés à le trouver ce qu'il est en réalité, insuffisant et trop court. Vous en serez vite persuadé, si vous voulez réfléchir à l'importance et aux difficultés du dogme et de la morale, et à l'actualité d'une foule de questions historiques et sociales qui s'y rattachent. Vous ne donnerez pas le scandale de vous montrer d'une ignorance crasse en matière de foi, alors que le matin même peut-être vous aurez été aperçu agenouillé à la Table sainte ; vous vous ferez grand scrupule de distraire une seule des minutes accordées à l'étude de la religion, et si vous avez, çà et là, un peu de temps libre, vous vous ferez un bonheur et un devoir de préférer à la lecture des romans honnêtes mais insignifiants, celle des meilleurs livres d'apologétique moderne ou d'histoire de l'Église.

II. La lecture spirituelle.

L'exercice de la lecture spirituelle consiste tantôt en remarques et en conseils sur différents points de la règle, tantôt en commentaires sur quelques événements publics ou privés, heureux ou malheureux, capables de vous intéresser, tantôt en une lecture pieuse accompagnée de quelques explications orales. Cet exercice ne dure guère que dix minutes, mais il est d'une grande importance. Il a pour but de former en vous l'homme moral et le chrétien, de vous éclairer sur vos défauts, sur vos devoirs; sur les dangers inhérents à votre vie d'écolier ; il ouvre aussi fenêtre sur l'avenir et vous fait entrevoir ce que vous rencontrerez dans la vie du monde. Ce serait un irréparable malheur si vous écoutiez habituellement la lecture spirituelle d'une oreille distraite, avec un esprit malintentionné et un cœur insoumis : vous compromettriez l'œuvre de votre éducation, et vous ne passeriez pas dans la paix et la joie vos années de collège. N'oubliez pas que c'est principalement pour avoir le droit de vous donner l'enseignement religieux et de vous faire la lecture spirituelle, que vos maîtres, prêtres avant tout, sacrifient les plus belles années de leur vie sacerdotale à vous enseigner les sciences et les lettres profanes.

CHAPITRE IV

LES ÉLÈVES A L'ÉTUDE

I. L'ordre et la propreté.

Vous prendrez toutes les précautions possibles pour contribuer au bon ordre et à la propreté qui doivent régner dans la salle d'étude. Vous ne laisserez rien traîner sur ou sous les tables et les bancs, vous ne jetterez pas à terre des débris de livres, de cahiers, de plumes, etc. Vous n'y cracherez pas. Vous aurez soin d'y conserver le corps droit soit en lisant, soit en écrivant, ne vous penchant ni trop, ni trop peu sur vos livres ou sur vos cahiers : cette observation intéresse votre vue et votre santé. Vos pieds reposeront sur la barre, vous tiendrez toujours les mains sur la table. Vous aurez soin de tenir propres et non souillés d'encre vos mains, votre langue, votre visage et vos habits. Vous ne vous permettrez pas de graver votre nom sur les bancs, tables, murs, etc., ni de faire des entailles avec des instruments tranchants.

Ces observations s'appliquent à toutes les salles et à toutes les murailles de la maison, nous n'y reviendrons pas.

II. Le silence

Le silence est de rigueur à l'étude : il faut l'observer avec plus de soin au commencement et à la fin des exercices ; au commencement, prenez dans votre pupitre ou sur les rayons ce qui vous sera nécessaire pour travailler, et rien de plus ; à la fin, remettez tout en un ordre parfait à sa place.

Parler pendant l'étude vous ferait perdre un temps précieux ainsi qu'à vos voisins ; ne cherchez donc pas les occasions de le faire ; le tenter par signes ou par billets vous exposerait aux punitions les plus graves. Refuser au surveillant un billet surpris ou l'explication des signes aperçus serait vous mettre dans un cas de renvoi. N'empiétez pas sur les pupitres des voisins. Rendez à vos condisciples les services que vous pourrez sans violer la règle et sans favoriser leur paresse ; ne leur prêtez pas vos copies pour les aider à perdre leur temps, et à tromper leurs maîtres. Ne demandez jamais vous-même de ces services qui engageraient la conscience d'un condisciple.

Le silence à l'étude exige que vous marchiez sans bruit, que vous ouvriez et fermiez avec précaution les portes, les fenêtres, les pupitres; que vous feuilletiez même doucement vos livres, vos cahiers et vos dictionnaires.

III. Le travail.

Le silence austère a pour but de favoriser le travail personnel à l'étude; avant les classes, on doit y apprendre ses leçons; après les classes on doit y faire ses devoirs.

Votre travail devra toujours être réel et consciencieux : vous ferez donc ce que vous aurez à faire, au moment voulu, et suivant la méthode indiquée. Vous serez entièrement appliqué à votre travail; les allées et venues pour répétitions ou autres motifs ne vous préoccuperont pas, vous n'y prendrez même pas garde. Vous-même ne sortirez de l'étude que pour des motifs sérieux. Vous aurez soin de prendre vos précautions pendant les récréations, et vous ne chercherez pas à faire de ces petites absences qui auraient pour résultat de diminuer votre force de travail et de déranger plus ou moins vos condisciples. Dans une étude de grands jeunes gens, les permissions de sortie ne s'accordent que très rarement.

Votre travail sera surtout chrétien. Vous l'accepterez comme une expiation et comme une source de mérites : vous vous proposerez de plaire à Dieu en l'accomplissant. De temps en temps vous jetterez un coup d'œil discret vers le Crucifix ou l'image de Marie; dans les moments difficiles vous implorerez un supplément de lumière et de force qui ne vous sera pas refusé.

Les devoirs doivent être faits sur cahier d'abord, relus ensuite et corrigés avec soin, enfin transcrits proprement et lisiblement sur la copie, si vous voulez qu'elle mérite son nom; vous lui donnerez toujours une marge suffisante et vous inscrirez en tête avec attention une sentence pieuse, votre nom, la date et le titre du devoir. C'est surtout à la manière dont vous vous appliquerez à vos devoirs que vos maîtres apprécieront votre valeur intellectuelle et votre bonne volonté.

Aux études de leçons, vous aiderez singulièrement la mémoire, si vous avez le courage de repousser les rêveries qui viendraient vous assaillir. Apprenez avec méthode en groupant les mots autour de l'idée principale. La mémoire joue un rôle important dans les examens, n'oubliez pas qu'elle se développe beaucoup par l'exercice et se rouille facilement par la paresse.

IV. Les lectures d'agrément.

A certains jours, il vous sera permis de lire pendant quelques instants des livres d'agrément. Choisissez après avoir pris conseil ceux qui conviennent davantage à votre genre d'esprit et répondent le mieux à vos besoins. Ne lisez pas avec une curiosité fiévreuse, prenez des notes, revenez sur les plus beaux passages : il s'agit d'épurer votre goût, de mûrir vos idées, de les développer et d'apprendre à les exprimer avec élégance et correction.

CHAPITRE V
LES ÉLÈVES EN CLASSE

I. Observations générales

On se rend en classe en rangs et en silence, sous la conduite du professeur; on y porte les livres et les cahiers nécessaires, mais rien de plus. La bonne tenue et le silence recommandés à l'étude ne le sont pas moins en classe : il faut y parler cependant pour répondre aux interrogations du professeur et quelquefois pour lui demander des explications, mais discrètement, avec à-propos et bon sens. Il ne convient point de discuter ou de disputer avec lui, ni de soutenir contre lui que telle expression est bonne, tel devoir bien fait, etc... Il importe de noter diligemment sur un cahier spécial, les leçons et les devoirs indiqués ; il ne sied pas de murmurer sur leur nature ou leur longueur.

II. L'attention.

La qualité la plus nécessaire à l'écolier pour réaliser son nom primitif d'*auditor*, et pour profiter de la classe, c'est l'attention que l'on a appelée le burin de la mémoire. Elle sera donc entière pendant la récitation des leçons, les explications, la correction des devoirs. Il n'est pas oiseux de vous faire remarquer que le succès final de vos études dépendra en grande partie de la manière dont vous aurez fait vos premières classes. Si les principes des langues n'ont pas été diligemment appris, il vous sera difficile de sortir plus tard avec succès des épreuves du baccalauréat. Vous vous traînerez avec peine en troisième, en seconde et en rhétorique.

III. Les leçons.

Les leçons doivent être récitées à voix modérée, sur un ton clair et naturel, sans précipitation ni bégaiement; les unes (grammaires, textes), de mot à mot, sans y rien changer, les autres (littérature, histoire, auteurs), en donnant avec suite et dans un langage correct les idées principales, autour desquelles on groupe habilement les idées secondaires. Pour y réussir il faut avoir sérieusement travaillé en étude ; la seconde méthode demande plus d'aplomb et une somme d'efforts plus considérable que la première.

IV. Les devoirs.

Pour que la correction des devoirs soit profitable, il faut la suivre d'un bout à l'autre, soit au tableau, soit sur votre cahier, alors même que vous n'êtes pas mis personnellement en cause. Faute d'observer ce point, beaucoup d'écoliers perdent un temps considérable et ne font presque aucun progrès. Lorsque le professeur vous rend vos copies corrigées, prenez la peine d'en lire les notations avec soin en vous rendant bien compte de leur portée. Relevez les notes principales sur un cahier *ad hoc* pour éviter de retomber sans cesse dans les mêmes fautes, et pour vous épargner des recherches et du temps.

V. Les explications.

Les explications d'auteurs forment aujourd'hui une partie importante des classes. Elles réclament habituellement de la part des élèves une préparation antérieure et toujours beaucoup de bonne volonté pendant l'exercice : si vous avez le courage de les bien faire, vos progrès dans les langues seront rapides ; vous enrichirez votre mémoire d'une multitude de mots dont la connaissance vous économisera un temps précieux à l'étude ; les constructions les plus enchevêtrées vous livreront peu à peu leurs secrets et vous deviendrez forcément habile en version, l'exercice préféré des élèves intelligents et laborieux, celui dont le rôle sera toujours pré-

pondérant dans les examens. Pour bien expliquer,
lisez lentement le texte, faites méthodiquement
la construction, groupez les mots qui doivent
l'être, traduisez-les ensuite d'une façon française,
et finalement donnez une traduction d'ensemble
élégante et serrée.

VI. L'émulation.

Vous éviterez vis-à-vis de vos condisciples
tout ce qui pourrait ressembler à de la prétention ou à de l'orgueil, vous vous garderez de rire
de leurs fautes ou de leur incapacité, de les
tourner en ridicule. Vous entretiendrez par
contre soigneusement dans votre âme une noble
et chrétienne émulation qui n'a rien de commun
avec la basse jalousie et le dépit orgueilleux.
Lorsqu'il s'agira de concourir, vous y mettrez
tous vos soins, sans jamais vous départir de la
plus scrupuleuse honnêteté. Vous aurez horreur
de la fraude comme d'un vol, et vous aimerez
mieux être humiliés et punis que de devoir à des
procédés louches le plus petit succès.

L'élève convaincu de fraude est partout sévèrement puni, et rejeté de droit à la dernière place.
Celui qui sans motif agréé s'est absenté un ou

plusieurs jours avant une composition de mémoire est exclu de cette composition.

—————

CHAPITRE VI

LES ÉLÈVES EN RÉPÉTITION

I. Répétitions classiques.

Les répétitions et les leçons particulières ne sont données que sur la demande expresse des familles. Les répétitions classiques proprement dites sont généralement peu utiles, sauf dans le cas de retard accidentel causé par la maladie ou quelque autre motif. L'élève soucieux de ses véritables intérêts en prendra donc rarement et pour un temps limité, mais il les prendra sérieusement, en se servant du répétiteur comme d'un sage conseiller. Il ne le condamnera pas au rôle humiliant de compositeur de devoirs ou de chercheur de solutions de problèmes ; il ne se réduira pas lui-même au rôle de simple machine à écrire sous la dictée; ce serait perdre son temps, l'argent de ses parents et compromettre le succès de ses études.

II. Les leçons de musique, d'escrime, etc.

Il est louable, quand la fortune le permet, d'étudier quelque art d'agrément ; mais il faut veiller à ne pas faire le principal de l'accessoire et à ne pas faire passer ses études après la musique ou l'escrime. Ces leçons coûtent généralement assez cher : si vous vous apercevez que le talent spécial vous manque pour en profiter, avertissez sans tarder votre famille et ne lui imposez pas plus longtemps une dépense inutile.

Si vos talents musicaux vous le permettent, ne manquez pas de faire partie de l'orchestre ou de l'harmonie, vous y développerez des qualités que les répétitions individuelles ne sauraient vous donner. Vous y aurez aussi l'occasion de faire preuve de patience, d'endurance, de bonne humeur et de bon caractère. Vous ne vous ferez pas prier pour assister aux répétitions générales, vous y serez attentif et docile, et vous ne vous fâcherez pas, vous ne menacerez pas de vous retirer à la moindre humiliation, au moindre petit reproche.

L'escrime est autorisée dans la plupart de nos établissements, comme exercice de tenue et d'hygiène : elle est excellente en effet pour assouplir les membres et développer la poitrine et les muscles ; elle prépare utilement aux travaux plus pénibles de la caserne. Vous pourrez donc vous y appliquer avec l'assentiment de vos parents, mais ne songez jamais à vous en servir pour obtenir de soi-disant réparations d'honneur. Le duel est un usage détestable et barbare que le chrétien fidèle et l'homme civilisé doivent également et sans restriction réprouver.

Vous serez toujours déférent et poli avec les professeurs d'arts d'agrément ; vous ne leur demanderez point de vous faire des commissions en ville, ni de déroger à cause de vous à un point quelconque de leur règlement. Vous ne chercherez point à esquiver leur surveillance ; dans les allées et venues, vous marcherez en silence à côté d'eux, ou un peu en avant, jamais en arrière.

CHAPITRE VII

LES ÉLÈVES EN RÉCRÉATION

I. Observations générales.

Aux heures fixées, vous vous rendez dans la cour en rangs et en silence, et vous attendez la

tête découverte le signal de la récréation. Vous
ne devez quitter la cour qu'avec une permission
spéciale.

Vous aurez soin de prendre vos précautions
pendant les récréations de manière à n'être pas
obligés de sortir pendant les classes ou les
études. Vous éviterez de séjourner trop près des
cabinets et de parler avec ceux qui y sont. Vous
veillerez en ce qui vous concerne à leur propreté.

Si vous avez quelque punition à subir, vous la
ferez avec bon esprit au plus tôt et de la manière
indiquée.

Vous ne vous servirez de l'eau des fontaines
qu'avec la plus grande modération et suivant les
ordres donnés.

La cour de récréation étant un endroit particulièrement périlleux pour le corps et pour
l'âme, dans la plupart des maisons chrétiennes
on y a érigé quelque statue protectrice, c'est
une bonne coutume de vous placer sous la sau-
vegarde de Notre-Seigneur, de la Sainte Vierge
ou des saints par une courte prière à un moment
quelconque de la récréation.

Une première cloche avertit ordinairement de
cesser les jeux; à la seconde, toute conversation

doit prendre fin immédiatement, et tout élève doit retrouver sans retard sa place dans les rangs pour se rendre à l'exercice suivant.

II. Les jeux.

La récréation est donnée pour détendre l'esprit et procurer au corps l'exercice dont il a besoin. Vous ne travaillerez donc pas en récréation. Vous ne resterez point en place. Quel que soit votre âge, vous devez jouer et vous donner le plus de mouvement possible : deux heures d'exercices physiques par jour sont à peine suffisantes pour défatiguer de dix ou douze heures de travail intellectuel.

Les jeux réguliers sont les meilleurs. Prêtez-vous-y de bonne grâce ; observez-en les règles ; n'y laissez point soupçonner votre parfaite loyauté ; n'y montrez jamais une humeur jalouse, maussade ou rancunière. Lorsqu'il s'élève un débat, que les plus forts cèdent les premiers pour en finir et conserver l'union et la paix.

Il n'est pas permis de se livrer à des amusements inconvenants ou dangereux. Il est défendu par conséquent de se pousser, de se colleter, de monter sur les arbres ou sur les murs, d'y écrire son nom ou quoi que ce puisse être, de jeter des pierres, de jouer de l'argent, de se servir de couteaux, etc. On doit s'abstenir encore de chanter, de siffler, de pousser des clameurs exagérées ; les jeux de mains, de hasard et d'argent sont rigoureusement interdits.

Quand le surveillant défend un jeu, il faut cesser ce jeu à l'instant même et passer à un autre sans murmurer.

III. Les conversations.

Vous ne vous promènerez pas en amateur quand les jeux seront possibles ; mais, lorsque les circonstances vous permettront de vous entretenir avec vos condisciples, vous éviterez les duos, les *a parte*, les cabales et les divisions ; vous n'irez pas toujours avec les mêmes, vous serez charitables et polis envers tous, vous ne serez tracassiers et méchants envers personne. Vous aurez le plus grand soin de fuir les esprits critiques et chagrins, toujours se plaignant et toujours murmurant ; vous aurez horreur surtout de ceux qui se permettraient des plaisanteries même légères contre la religion ou les bonnes mœurs. *Omnis immunditia nec nominetur in vobis sicut decet sanctos. — Corrumpunt bonos mores colloquia mala.*

La cour de récréation est la révélatrice et la formatrice des caractères : vous y serez très observé par vos maîtres et par vos camarades ; puissiez-vous subir cette épreuve prolongée de manière à mériter toujours l'estime de ceux qui vous fréquenteront. Qu'il est beau, qu'il est grand devant Dieu et devant les hommes, l'écolier chrétien qui par son exemple et par ses paroles entraîne ses camarades dans la voie du bien et de la vertu ! Il en impose tellement à tous qu'en sa présence les plus étourdis eux-mêmes n'osent se permettre un mot déplacé, une manière d'agir tant soit peu inconvenante.

Si des maîtres, même de divisions différentes, ou des étrangers viennent à passer accidentellement auprès de vous, vous les saluerez ; s'ils ont un mot à vous dire, un renseignement à vous demander, vous vous découvrirez et vous attendrez qu'ils vous invitent à vous couvrir. Vous ne resterez pas groupés autour d'eux de manière à gêner les jeux ou même à les interrompre.

CHAPITRE VIII

LES ÉLÈVES EN PROMENADE

I. Avant la promenade.

La promenade est nécessaire pour vous faire changer d'air. Elle fatigue un peu plus le corps et détend un peu mieux l'esprit que la simple récréation. Elle fournit encore une excellente occasion aux élèves de paraître distingués, sans affectation, dans leur tenue, leur démarche, leurs gestes et leur langage.

Vous aurez soin de faire une toilette convenable ; que vous soyez en uniforme ou non, vous devez être toujours propre, sans habits tachés ni déchirés, avec des chaussures bien cirées et bien attachées. Vous tiendrez à n'avoir rien d'excentrique sur votre personne (habillement, coiffure, cravate, manteau, etc.) ; dès qu'une observation sur ce point vous est faite, vous en tenez un compte immédiat.

Au signal donné, vous gardez le silence, vous répondez à la prière d'usage, et vous vous mettez en rangs.

II. Pendant la promenade.

En ville, et tout le temps nécessaire, vous conservez les rangs militairement, ne parlant pas à ceux qui sont devant ou derrière vous, causant à voix très modérée avec votre ou vos voisins. Vous évitez de crier, de rire aux éclats, de faire des gestes bouffons ou désordonnés, de dévisager les personnes qui passent, de faire à leur sujet des observations inconvenantes et saugrenues. Lorsque vous rencontrez des ecclésiastiques, des religieux ou des religieuses, des personnes connues, vous les saluez ; si vous vous apercevez qu'un surveillant salue quelqu'un ou est salué le premier, vous saluez également. Lorsque vous passez devant une église, une croix, une statue de saint ou de sainte, vous vous découvrez sans respect humain.

S'il vous est permis d'aller à la débandade, vous n'en abusez pas, ni pour échapper à la surveillance, ni pour traîner en arrière. Vous fuirez alors avec soin la compagnie des élèves dont les conversations malsaines vous seraient nuisibles à quelque point de vue que ce soit.

III. Au but de la promenade.

Arrivés au but de la promenade, des limites vous sont tracées, des jeux vous sont indiqués : vous obéissez avec une entière bonne volonté.

Si vous avez besoin de vous écarter, vous en demandez la permission ; vous ne saisissez pas cette occasion ou quelqu'autre pour fumer en cachette, marauder en petit ou en grand, couper des baguettes, briser des branches, etc., sur votre chemin. Ces fautes vous exposeraient aux plus sévères punitions et compromettraient la réputation de la maison à laquelle vous appartenez.

Vous n'entrez jamais dans les auberges ou cafés, excepté lorsque vous y êtes autorisé, par exemple en été, après une longue marche ; généralement vous n'y séjournez pas, et c'est au dehors que vous sont servis les rafraîchissements demandés.

IV. Le retour de la promenade.

Le retour se fait comme l'aller. Il y a lieu de reviser soigneusement sa toilette avant de traverser de nouveau la ville.

En rentrant, prenez des précautions pour ne pas attraper froid en hiver dans la cour ; et en été pour ne pas boire d'eau trop tôt ni en trop grande quantité.

V. L'étude libre.

La promenade empêchée par le mauvais temps est remplacée par une étude libre. Vous l'utilisez en vous occupant de la manière qui vous plaît davantage, en silence, sans troubler les autres ; c'est le moment de vous mettre en règle si vous êtes en retard, c'est aussi le moment de faire d'utiles et agréables lectures. Un élève studieux sait tirer parti de tout, même des contrariétés des saisons, pour former son caractère et orner son esprit.

———

CHAPITRE IX

LES ÉLÈVES AU RÉFECTOIRE

I. La politesse et la propreté.

Les élèves auront toujours au réfectoire une tenue convenable ; ils y observeront une extrême propreté, prenant soin de ne pas salir leurs vêtements, la table, les restes même, qui doivent être servis aux pauvres. Ils ne jetteront rien à terre, ni liquides, ni noyaux, ni fragments quelconques. Ils veilleront particulièrement à ne pas perdre le pain que tant de malheureux réclament; ils le couperont proprement et n'en prendront que ce qu'ils pourront manger.

Les élèves sans doute sont affranchis dans leurs rapports de certaines formes de pure cérémonie, mais ils ne doivent jamais se dispenser des lois que la bienséance et la politesse imposent aux personnes de bonne éducation ; ils éviteront donc de mettre les coudes sur la table, de manger avec bruit ou avidité, de boire avant le potage ou la bouche pleine, de choisir les morceaux, de porter leur couteau à la bouche, ou autres façons inconvenantes de faire, qui dénoteraient le défaut de savoir-vivre. Loin d'exercer des vexations ou d'imposer des privations aux camarades du carré, ils aimeront à leur rendre les petits services ordinaires (passer le pain, verser à boire, découper, etc.) sans affectation et sans bruit. S'ils le doivent faire, ils nettoieront avec la plus grande attention leurs couverts et leurs timbales.

II. La sobriété.

Les élèves chrétiens trouvent moyen d'être sobres et mortifiés pendant les repas. Ils prennent ce dont ils ont besoin, mais ils ne font aucun excès; ils ne se laissent pas aller à des vantardises ou paris ridicules qui les feraient passer pour gloutons et pourraient même porter atteinte à leur santé. Ils s'habituent à manger de tout, sauf le cas d'indisposition; ils ne se plaignent jamais de ce qui est servi; ils savent parfois sans en faire parade se priver d'un dessert ou d'une friandise. A table, pensez de temps en temps aux malheureux qui meurent de faim et à la miséricorde de Dieu qui vous donne plus que le nécessaire.

III. La lecture.

Une lecture est faite ordinairement pendant les repas. Si vous êtes lecteur, profitez-en pour vous accoutumer à bien lire en public, distinctement, sans forcer votre voix, intelligemment, sans prétendre vous faire remarquer. Lorsque vous n'avez qu'à écouter, ne vous dissipez pas, n'essayez pas d'ouvrir alors un livre ou un cahier, mais prêtez une attention convenable à la lecture. Vous acquerrez ainsi sans effort une somme énorme et précieuse de connaissances littéraires, historiques, géographiques, etc. Il n'y a que les sots à s'ennuyer de la lecture au réfectoire.

IV. La conversation.

Aux jours de fêtes, et dans certaines circonstances particulières, vous avez la permission de causer pendant le repas. Que votre conversation soit alors gaie et aimable, réservée et polie, exempte de taquineries et de grossièretés. Ne poussez pas des cris, ne vous levez pas de votre place, ne gesticulez pas avec emphase; ne faites et ne dites rien en un mot qui puisse faire supposer que vous vous croyez plutôt à une table d'auberge qu'à une table de gens bien élevés.

CHAPITRE X

LES ÉLÈVES AU DORTOIR

I. Le lever.

Vous vous levez au premier son de la cloche, chrétiennement, promptement, et modestement.

1° *Chrétiennement.* — Au signal du surveillant vous vous dressez sur votre séant, vous faites le signe de la croix et vous répondez à la prière d'usage, offrant ainsi à Dieu votre première pensée, votre première parole et votre première action.

2° *Promptement.* — La prière terminée vous sortez immédiatement du lit, vous vous habillez rapidement, éloignant de votre esprit toute impression fâcheuse, toute pensée de tristesse. *Ut dies agatur cum gaudio et lætitia.*

Vous ne resteriez au lit que si vous étiez réellement indisposé et avec permission.

3° *Modestement.* — La modestie doit toujours présider au lever de l'enfant, même quand il est seul ; mais cette vertu s'impose plus rigoureusement à ceux qui couchent dans un dortoir commun. Vous prendrez donc tout d'abord votre pantalon, et vous aurez soin d'éviter, en vous habillant et en changeant de linge, toute manière de faire qui ne serait pas de la plus parfaite convenance.

II. Le coucher.

Couchez-vous comme vous vous êtes levé, promptement, modestement et chrétiennement.

Prenez de l'eau bénite en entrant au dortoir, et faites le signe de la croix. Déshabillez-vous avec une exacte modestie; dressez-vous sur votre séant pour la prière finale. Le silence est rigoureux au dortoir comme à la chapelle : les moindres infractions à cette règle sont sévèrement punies.

Ayez l'excellente habitude de passer votre chapelet au cou ou autour du bras; si vous n'êtes pas trop fatigué, récitez en vous endormant quelques *Ave Maria*. Couchez-vous de préférence sur le côté droit, les bras doucement croisés sur la poitrine. Il est bien de prier dans son lit, d'y entretenir de pieuses pensées, d'y former de bonnes résolutions, mais la perfection est de s'y endormir au plus tôt.

Pendant la nuit, ne troublez en rien le sommeil de vos condisciples; la moindre farce ou légèreté pourrait avoir pour vous des conséquences d'une extrême gravité.

Si vous êtes obligé de vous lever par indisposition, allez sans bruit réveiller le surveillant, et demandez-lui la permission nécessaire.

Si vous rentrez au dortoir après les autres, marchez très doucement, et si vous avez de grosses chaussures, tirez-les à la porte de peur de réveiller vos camarades.

III. La toilette.

Ne prenez jamais de soins excessifs de votre personne ; ne cultivez pas votre chevelure, n'usez ni de pommades ni d'eaux parfumées. En revanche, soyez toujours propre ; lavez-vous complètement la figure, le cou, les oreilles et les mains ; n'ayez pas horreur de l'eau, même froide en hiver.

Rincez-vous aussi de temps en temps la bouche et les dents. Changez de linge exactement les jours de règle, ayez de l'ordre dans votre table de nuit, votre boîte à toilette, etc.

Nettoyez souvent vos peignes et vos brosses ; brossez vos habits, casquettes, pardessus, pantalons, etc., autant qu'il sera besoin. Prenez de bonne heure l'habitude de vous donner ces soins vous-mêmes sans trop compter sur les domestiques.

Si vous vous apercevez de quelques déchirures, avertissez à temps pour que l'on vous donne d'autres vêtements.

Ne vous couchez pas, ne vous asseyez pas sur votre lit lorsque vous êtes prêt. N'oubliez rien au dortoir, ni mouchoir, ni cravate, ni casquette, etc. ; la permission d'y remonter pendant la journée ne vous serait que très difficilement accordée.

DEUXIÈME PARTIE

LES RELATIONS DES ÉLÈVES

CHAPITRE I

LES RELATIONS DES ÉLÈVES AVEC LES AUTORITÉS

I. Le Supérieur.

Le Supérieur doit apparaître aux yeux des élèves comme le représentant principal de l'autorité divine dans la maison et le mandataire immédiat des familles. Il convient donc de l'entourer d'honneur et de respect, d'avoir pour ses ordres et ses avis une entière soumission ; et de lui témoigner en toutes occasions une confiance filiale. Vous vous adresserez à lui dans les circonstances et difficultés un peu importantes qui surviendront ; vous le mettrez au courant, s'il le désire, de vos dispositions en ce qui concerne votre vie extérieure et publique : le domaine de la conscience demeurant réservé au confesseur. S'il vous fait des réprimandes, vous les accepterez sans vous plaindre ni en sa présence ni autrement; s'il vous décerne des éloges, vous n'en tirerez pas une sotte vanité et vous tâcherez de les mieux mériter par un redoublement d'efforts et de bonne conduite.

Le Supérieur doit être tenu au courant de tout ce qui intéresse votre santé. Il est convenable aussi que vous l'informiez des événements principaux qui ont rapport à votre famille. Vous ne faites jamais une absence de plus de 24 heures, sans aller le saluer, prendre ses ordres au départ, et lui rendre compte au retour.

En particulier, vous pouvez traiter très simplement avec lui comme un fils avec son père; mais en public, surtout lorsqu'il est en fonctions, vous lui donnez toutes les marques de déférence et de respect, vous levant si vous êtes assis, vous découvrant si vous êtes couvert, ne vous permettant jamais la moindre parole pour vous expliquer ou vous justifier en public.

II. Le Préfet.

Le Préfet remplace le Supérieur dans les détails de la vie écolière; il a l'austère et difficile mission d'assurer sur tous les points et à toute heure l'exacte exécution du règlement. C'est à lui que vous devez vous adresser pour toutes les permissions qui nécessitent votre absence d'une classe, d'une étude, d'une promenade ou d'une cour de récréation, pour les répétitions particulières, les sorties et les voyages de règle. Les visites aux professeurs, aux Directeurs et à l'Économe ne sont pas exceptées de cette règle.

Dépendant de lui, à tout instant votre devoir est de le respecter et de lui obéir ponctuellement.

Lorsqu'il visite les études et les classes ou lorsqu'il proclame les notes et les places, vous lui rendrez la même déférence qu'au Supérieur dont il tient la place. Vous éviterez de vous monter contre lui, surtout s'il est obligé de vous froisser, de vous gronder, de vous punir, de vous refuser quelques permissions. Vous vous rappellerez dans ce dernier cas qu'une dérogation à la règle souvent insignifiante pour l'individu qui la sollicite devient facilement un principe de relâchement et de désordre pour toute une maison d'éducation.

III. L'Économe.

Vous demanderez à l'Économe les objets de toilette et de bureau, etc., dont vous avez besoin, mais vous éviterez les abus dans les dépenses. Vous ne chercherez pas à courir sans cesse à l'économat sous le plus futile prétexte, perdant votre temps, prenant des goûts fantaisistes et entassant dans votre pupitre mille fournitures inutiles. Vous ne vous permettrez pas d'adresser à l'Économe des plaintes de vive voix ou par écrit sur la manière dont vous êtes nourri ou dont sont accueillies vos réclamations en tout genre. Si vous avez commis des dégâts, vous devez en informer l'Économe au plus tôt pour qu'il fasse exécuter les réparations nécessaires à vos frais ou au compte de votre famille suivant les circonstances.

Lorsque vous aurez à votre disposition quelques objets précieux, ou quelque somme d'argent un peu considérable vous les remettrez à l'Économe. Ne conservez rien sur vous, dans votre pupitre ou au dortoir, dont la soudaine disparition puisse vous causer de vifs regrets et de grands ennuis à l'administration.

CHAPITRE II

LES RELATIONS DES ÉLÈVES AVEC LEURS MAITRES

I. Les surveillants.

Les surveillants sont les protecteurs du silence et les gardiens ordinaires de la discipline, conditions nécessaires de la piété, du travail et du bon esprit. Leurs fonctions sont nobles et délicates; elles exigent de la fermeté, du tact et un dévouement incessant. C'est donc bien à tort que dans le monde on accorde moins de considération aux surveillants qu'aux professeurs. Un bon surveillant est plus précieux dans nos collèges religieux qu'un bon professeur. Vous pouvez remarquer du reste qu'au besoin vos professeurs les plus distingués aident sans déroger à la surveillance et à la discipline.

La plupart du temps, vos surveillants sont des prêtres. Honorez leur caractère sacré, comprenez leur abnégation, efforcez-vous de rendre leur tâche moins ardue et leur vie moins pénible par votre docilité et votre amabilité. Abordez-les toujours avec une parfaite politesse; ne faites pas fi de leur autorité; soumettez-vous sans murmures, ni cabales à ce qu'ils croiront devoir vous commander en étude, en récréation, en promenade, etc. Si vous agissez ainsi vous ferez preuve de délicatesse et de bon sens; une conduite rebelle et arrogante vous ferait juger sévèrement, et vous attirerait une multitude de ces petits ennuis qui rendent intolérable la vie au collège.

II. Les professeurs.

Les professeurs vous enseignent les sciences et les lettres. Ils consacrent de longues heures à préparer leurs classes, à corriger vos devoirs, à vous communiquer les éléments et les principes des langues, des mathématiques, de l'histoire ou de la philosophie. Ayez une grande reconnaissance pour les soins dont ils vous entourent; saisissez avec bonheur les moindres occasions de leur témoigner que vous comprenez leur dévouement. Les salaires qu'ils reçoivent, quand ils en reçoivent, sont dérisoires, mais il dépend de vous d'y suppléer avec la monnaie du cœur. Vos bons sentiments les toucheront et les fortifieront. Ne manquez pas de leur marquer la

confiance que vous avez dans leur enseignement;
recourez à eux pour éclaircir vos difficultés. Un
professeur s'attache surtout à ceux de ses élèves
qui s'en remettent davantage à son intelligence
et à son cœur. Parlez toujours en bien de vos
maîtres. Les élèves enclins aux plaintes perpé-
tuelles ne sont estimés de personne.

Si votre professeur a la direction d'une Académie ou d'un théâtre scolaire, soyez heureux
des occasions qui se présenteront d'entretenir
avec lui des relations plus suivies, et de l'aider
dans des entreprises d'intérêt général. Sachez
vous sacrifier un peu pour l'utilité et l'agrément
de tous; ne montrez pas dans ces circonstances
un mauvais caractère; ne boudez pas, ne mena-
cez pas pour des futilités de vous retirer pour
mettre votre professeur dans l'embarras. Si l'on
ne juge pas à propos de vous faire entrer dans
ces groupements littéraires ou autres, demeurez
en paix, et ne criez ni à l'oubli, ni à l'injustice.

III. Les maîtres en général.

Tous les maîtres de la maison ont autorité sur
vous; vous ne devez jamais l'oublier. Vous leur
devez à tous le salut et les égards de la politesse

chrétienne. Si l'un de ceux avec lesquels vous n'êtes pas en relations ordinaires vous donne un avis et même une punition, vous devez vous incliner et obéir. Vous feriez preuve d'un esprit mesquin et mal fait, si vous vous supposiez le droit de moins estimer ou de moins respecter tel ou tel maître parce qu'il enseigne dans une classe de grammaires, ou surveille dans une division inférieure à celle où vous êtes.

CHAPITRE III

LES RELATIONS DES ÉLÈVES AVEC LES DIRECTEURS SPIRITUELS

I. Les directeurs de divisions et de Congrégations.

On rencontre ordinairement dans chaque collège des maîtres plus spécialement chargés de promouvoir la religion et la piété dans vos jeunes âmes, ce sont principalement les directeurs des divisions et les directeurs des Congrégations. Il importe que vous entreteniez avec eux les rapports les plus affectueux et les plus ouverts. Vous soustraire à leur influence serait vous exposer à manquer en grande partie l'œuvre de votre éducation chrétienne. Acceptez donc qu'ils vous suivent de près, et qu'ils scrutent attentivement votre conduite morale et religieuse extérieure. Écoutez avec déférence leurs avis; faites-en part au besoin à votre confesseur, et jugez avec lui dans quelle mesure il convient que vous les suiviez. Mieux placé souvent pour vous suivre que le confesseur, le directeur de division peut et doit intervenir avec zèle et discrétion dans l'ordonnance de vos exercices de piété, dans le choix de vos fréquentations, etc., et ce serait folie à vous de ne pas tenir le plus grand compte de ses désirs et de ses conseils.

Le directeur de Congrégation tend plus particulièrement à vous faire vaincre le respect humain en vous enrôlant ostensiblement sous la bannière des Saints Anges, de la Sainte Vierge ou du Sacré Cœur. Ce qu'il demande surtout dans ses entretiens publics et privés, c'est que vous empêchiez le mal de régner autour de vous, principalement sous la forme du mauvais esprit et des mauvaises conversations; et que vous entraîniez vos camarades par la parole et par l'exemple dans les œuvres et les pratiques de piété et de charité. Un élève qui ne cherche pas à prendre sa place dans ces corps d'élite se prive de grâces abondantes et se prépare insuffisamment aux luttes de l'avenir. Par contre, un congréganiste hypocrite ou indigne cause un grand préjudice dans une division : il doit s'apprêter à rendre un jour à Dieu des comptes redoutables.

II. Le confesseur.

Parmi tous les maîtres, il en est un qui devra jouer un rôle prépondérant dans le développement de votre vie chrétienne, c'est votre confesseur. Vous le choisirez avec le plus grand soin, si cela vous est permis ; vous demanderez à Notre-Seigneur de vous faire rencontrer celui dont l'action et l'autorité sur vous s'affirmeront le plus efficacement dans le sens de la piété et de la vertu. Il faut que vous vous sentiez à l'aise avec lui pour lui faire connaître vos secrets les plus intimes, que vous puissiez l'aborder facilement, et qu'il vous apparaisse comme mieux doué, par rapport à vous, des dons de lumière et de conseil.

Lorsque vous l'aurez choisi, ne le quittez plus

durant le cours de vos études sans de graves motifs ; continuez-lui votre affectueuse confiance même aux jours de l'adolescence où la vertu sera plus difficile, où la piété parlera moins à votre sensibilité. Si cependant vous sentez à un moment donné que vous vous ouvrez mal avec lui ou que vous en recevez une direction insuffisante et trop molle, n'hésitez pas à le changer pour un autre plus apte à recueillir vos aveux et à vous diriger plus fermement. Durant le cours de l'année scolaire, vous ne changerez pas de confesseur sans en avoir informé le Préfet.

Ne réduisez pas votre confesseur au rôle de donneur d'absolutions : qu'il soit le médecin, le père et l'ami de votre âme. Il a le droit de tout connaître, vous avez le devoir de tout lui révéler dans l'ordre de votre sanctification personnelle. Priez souvent pour lui : demandez à Dieu de l'éclairer à votre sujet, principalement lorsque vous aurez entamé avec lui, vers la seconde, la capitale affaire de votre vocation. Lui seul, sachez-le bien, pourra vous transmettre à ce moment décisif la volonté de Dieu : ne vous laissez pas tromper par des affirmations contraires.

Au moment des retraites, et dans quelques circonstances, vous avez toute liberté de vous adresser aux confesseurs extraordinaires qui se présentent. Ils peuvent vous rendre de grands services soit pour la confession proprement dite, soit pour la direction : usez donc en toute confiance de leur ministère toutes les fois que vous croirez y trouver profit pour votre avancement spirituel.

CHAPITRE IV

LES RELATIONS DES ÉLÈVES AVEC LEURS CONDISCIPLES

I. La charité.

Inspirés par les sentiments d'une vraie charité, les élèves n'oublieront pas qu'ils doivent former entre eux une véritable famille et se traiter les uns les autres avec une cordialité fraternelle pleine d'égards. *Caritate fraterna invicem diligentes.* Ces bons rapports seront le principe d'une franche et pure amitié qui survivra à toutes les agitations de la vie et qu'ils seront heureux de raviver en venant plus tard aussi souvent que possible aux réunions annuelles des anciens élèves.

Ils veilleront à ne pas limiter leurs rapports à certains condisciples, ni même à certains groupes déterminés. Les relations particulières exclusives leur sont absolument défendues. Ils s'attacheront à dominer les antipathies naturelles, et à surmonter les défauts de caractère ; ils prendront garde de ne blesser personne par des critiques acerbes ou des railleries déplacées ; ils éviteront avec le plus grand soin les discussions politiques, et tout ce qui serait de nature à introduire parmi eux des froideurs, des divisions et des partis. Ils ne rapporteront jamais à leurs maîtres, ni à leurs camarades, les fautes et les manquements dont ils auraient pu être témoins. S'ils apprennent ou voient quelque scandale grave et dangereux, ils prendront l'avis de leurs confesseurs avant d'en parler à personne.

II. La bonne éducation.

L'amitié sincère entre les élèves n'exclut pas une sorte de respect et de prévenance réciproques. Ils s'interdisent l'usage des sobriquets, des paroles injurieuses ou inconvenantes, et toutes les manières brusques ou brutales qui pourraient dénoter chez eux un manque d'éducation. Les coups, sévices, brimades quelconques attireraient de sévères punitions aux tyranneaux petits ou grands qui les exerceraient sur les autres, spécialement sur les nouveaux. Les prêts d'argent, les marchés, les échanges, les paris et les cadeaux entre élèves sont interdits.

III. Les rapports entre les élèves de diverses divisions.

Sauf des exceptions prévues et consenties par l'autorité, il ne doit y avoir aucune relation entre les élèves de divisions différentes. Observez scrupuleusement cette défense ; ne tentez rien contre elle, n'envoyez aucun objet ni billets suspects, et ne consentez ni à en recevoir ni à en porter. Les relations de ce genre sont la peste des collèges ; elles nuisent gravement aux intérêts des âmes ; soyez fidèles à les éviter toujours, à ne les favoriser jamais.

Le règlement indique certains moments où les frères et les cousins germains de divisions différentes peuvent se voir. Communiquez-vous alors les nouvelles de la famille, parlez ensemble des chers absents, excitez-vous par leur souvenir à mieux faire, mais ne versez pas dans ces réunions les cancans de votre division, ne les remplissez pas de médisances ou de calomnies contre des maîtres ou des camarades; n'en prenez pas prétexte pour nouer ou favoriser des relations malsaines et défendues.

CHAPITRE V

LES RELATIONS DES ÉLÈVES AVEC LES RELIGIEUSES INFIRMIÈRES ET LE MÉDECIN. LE SÉJOUR A L'INFIRMERIE

I. Les Religieuses infirmières et le médecin.

Lorsque votre état de santé ou quelques soins nécessaires vous obligeront à venir à l'infirmerie, vous vous montrerez d'une extrême politesse envers les religieuses, et vous leur obéirez ponctuellement. Vous n'oublierez pas que les religieuses étant des personnes consacrées à Dieu, vous leur devez doublement le respect. Vous leur parlerez toujours la tête découverte : et vous ne vous permettrez jamais à leur égard la moindre parole légère ou déplacée. Ces remarques s'appliquent à vos rapports avec les autres religieuses employées à la lingerie, à l'ouvroir, etc.

Vous aurez les mêmes procédés pour le médecin de la maison. Vous suivrez exactement ses prescriptions et vous saurez lui témoigner de la reconnaissance. S'il a dû vous donner des soins un peu prolongés, vous ne négligerez pas à la fin de vous présenter à lui pour le remercier.

II. Le séjour à l'infirmerie.

Si vous êtes obligé de passer vos récréations à l'infirmerie, vous vous munirez de l'autorisation nécessaire et vous n'en abuserez pas pour faire des courses ou vous ménager des rencontres illicites. Le grand air et l'exercice sont ordinairement bien préférables à l'air renfermé et au repos forcé des salles de convalescence. Vous y garderez un silence au moins relatif, et vous vous occuperez à des lectures agréables ou à des jeux de salon, si l'on en met à votre disposition.

Si la maladie ou quelque accident vous condamnent à rester au lit, vous aurez à faire preuve de patience, de douceur et d'obéissance. Pour pouvoir pratiquer ces vertus, vous serez fidèle à Dieu pendant le temps de la maladie. Vos prières du matin et du soir seront faites exactement. Si de trop grandes souffrances vous accablent, vous y suppléerez en élevant votre cœur vers Dieu, en vous abandonnant à sa volonté sainte, et en acceptant vos souffrances comme une expiation pour vos fautes, une épreuve pour votre vertu. Votre chapelet ne vous quittera pas, et vous l'égrènerez de temps en temps.

Si vous étiez empêché d'assister à la messe le dimanche, vous en liriez ou vous en feriez lire les prières par quelqu'un, vous vous uniriez du moins de cœur à toute la communauté, et vous sanctifieriez de votre mieux le saint jour du Seigneur. Lorsque vous devez rester longtemps à l'infirmerie, une quinzaine de jours par exemple, vous réclamerez la visite de votre confesseur et vous tâcherez d'obtenir qu'on vous apporte la sainte Communion.

Si enfin — ce qu'à Dieu ne plaise! — vous tombiez gravement malade, sollicitez ou du moins acceptez volontiers les derniers sacrements. Leur administration serait salutaire à votre santé si Dieu le jugeait à propos; elle vous préserverait surtout du danger si redoutable d'une mort non préparée par la pénitence, non fortifiée par l'Extrême-Onction et non consolée par le divin Viatique.

CHAPITRE VI

LES RELATIONS DES ÉLÈVES AVEC LES DOMESTIQUES ET LES FOURNISSEURS

I. Les domestiques.

Les écoliers chrétiens doivent savoir que les domestiques ont des âmes rachetées comme les leurs au prix du sang de Notre-Seigneur Jésus-Christ et que, si leur situation est inférieure à celle de ceux qu'ils sont obligés de servir, ils n'en conservent pas moins le droit d'être traités avec politesse et bonté. Il ne convient donc pas de les rudoyer, de les tutoyer, de leur donner des sobriquets. Si vous avez à vous plaindre de leur négligence ou de leurs procédés, avertissez-en le surveillant, l'Économe ou le Préfet et ne vous faites pas justice à vous-mêmes.

La bonté que vous devez avoir pour les domestiques ne doit pas descendre à la familiarité. Ne plaisantez pas avec eux, ne vous laissez pas scandaliser par eux, et ne les scandalisez pas vous-même par vos paroles ou par vos actes. Ne leur demandez pas ce qui leur est strictement défendu sous peine de perdre leur place, par exemple de vous faire des commissions en ville, de vous acheter des journaux, du tabac, des liqueurs, ou de porter vos lettres.

II. Les fournisseurs.

Vous vous conduirez avec les fournisseurs, tailleurs, perruquiers, cordonniers, etc., à peu près comme avec les domestiques. Vous ajouterez à vos procédés un peu plus encore de réserve et de tenue. Vous ne vous montrerez point d'une insupportable exigence pour vos habits, vos cheveux, vos chaussures, etc. Vous éviterez de vous donner des allures de fats ou de petits-maîtres. Vous ne contracterez point de dettes avec les fournisseurs sans l'assentiment de vos parents et de l'Économe, et surtout vous ne quitterez pas le collège sans avoir réglé ce qui doit l'être sur votre bourse personnelle.

CHAPITRE VII

LES RELATIONS DES ÉLÈVES AVEC LEURS PARENTS ET LES ÉTRANGERS

I. Le parloir.

Vous ne devez voir au parloir que vos parents et les personnes munies de leur autorisation et agréées par le Supérieur.

Lorsque vous y êtes appelé, vous vous y rendez aussitôt après vous être assuré que vous êtes dans une toilette convenable (mains, vêtements, chaussures).

S'il y a plusieurs groupes au parloir, faites en entrant un salut général sans prétention, puis allez droit aux personnes qui vous attendent; si ce sont vos parents, embrassez-les sans bruit et sans cris; si ce sont des personnes plus ou moins étrangères, vous leur serrez la main ou les saluez simplement. Une fois assis, vous parlez à demi-voix, pour ne gêner personne. Évitez les gestes trop familiers et surtout les scènes de larmes ou de colère qui feraient rire de vous et juger sévèrement votre caractère. Il serait indiscret et impoli d'essayer de suivre les conversations des groupes voisins.

Il ne convient pas de manger au parloir; si quelque friandise vous est offerte, faites-la disparaître promptement, et ne laissez traîner à terre ni miettes, ni morceaux de papier. Au premier signal, levez-vous, reconduisez vos parents ou vos amis jusqu'à la porte du parloir et prenez congé d'eux affectueusement ou tout au moins poliment.

II. La correspondance.

Si vos parents ne peuvent pas toujours venir facilement vous voir, vous pouvez au moins une fois par semaine leur écrire et recevoir leurs lettres. Pour les enfants bien nés cette correspondance active et passive est l'un des plus doux charmes de la vie de collège; elle révèle chez eux les meilleures qualités du cœur et de l'esprit.

Recevez toujours avec respect et avec joie les lettres de famille; lisez-les attentivement, relisez-les surtout lorsque vous vous sentirez triste et découragé; rien ne vous fera de bien comme les douces exhortations d'une mère qui pense sans cesse à vous, comme les admonestations plus fermes mais également tendres d'un père qui travaille et se débat peut-être au milieu des plus grandes difficultés pour assurer votre éducation, asseoir et développer la fortune commune. Ne laissez pas traîner ces précieuses missives, ne les jetez pas à tous les vents, faites-en plutôt une pieuse collection que vous serez heureux de retrouver plus tard.

Écrivez à vos parents régulièrement et affectueusement ; que vos lettres soient propres, bien écrites, soigneusement orthographiées et ponctuées. Sans y prétendre à la phrase, que le style en soit simple, naturel et correct ; mettez un certain ordre dans ce que vous avez à dire. Ne vous permettez jamais d'adresser à quiconque a droit à votre respect de ces pitoyables lettres, tissues d'incohérences et de coq-à-l'âne, écrites en une langue barbare aussi honteuse pour vos maîtres et vos parents que pour vous-même.

N'écrivez pas de ces missives froides, courtes, insignifiantes, qui désolent et resserrent le cœur de vos parents. Donnez d'abondants détails sur votre vie scolaire, vos fêtes, vos jeux, vos promenades ; parlez de vos études, de vos efforts, de vos succès, de vos revers; dites surtout votre bonne volonté, votre joie de savoir vos parents satisfaits, votre tristesse de les savoir dans la peine, votre résolution de dissiper ces chagrins par un travail plus assidu et une conduite meilleure. Ne prenez point en écrivant un ton superbe et arrogant; ne cherchez point à excuser insolemment vos fautes, à les rejeter sur vos maîtres ou sur vos camarades; que le mensonge, la médisance et la calomnie ne trouvent jamais meilleur accueil sous votre plume que sur vos lèvres. Lorsque vous ressentez quelque malaise ou quelque indisposition, dites-le simplement, sans alarmer vos parents pour des vétilles qui n'en valent pas la peine.

Votre correspondance peut être contrôlée par le Supérieur et par le Préfet, mais dans certains cas vous pourrez demander au Supérieur l'autorisation de lui remettre des lettres cachetées à l'adresse de vos parents, d'un prêtre, d'un ancien maître.

III. Les sorties.

A certains jours de l'année, vous pouvez sortir en ville avec vos parents ou vos correspondants agréés. Vous revêtez l'uniforme complet et vous avez soin de vous présenter au Préfet dans une tenue irréprochable. Il est de règle que vous soyez accompagné à l'aller, au retour, et pendant la journée entière, du moins dans les rues de la ville.

Le temps de la sortie vous fournit une bonne occasion de faire apprécier l'éducation que vous recevez. Vous saurez vous montrer distingué dans vos manières, réservé dans votre langage, modéré dans vos divertissements, sévère en tout ce qui blesserait les lois de la morale ou de la religion. Vous ne fumerez pas en public, vous n'entrerez jamais seul dans un café. A table vous ferez preuve de bonne tenue, de sobriété et de discrétion, surtout en présence des étrangers.

Vous profiterez de la sortie pour témoigner à vos parents une affection profonde. Vous causerez longuement avec eux, vous les mettrez au courant de tout ce qui vous concerne, vous vous informerez des nouvelles de tous les vôtres. Vous n'imiterez pas ces malheureux enfants qui, à peine sortis, enfourchent un cheval ou une bicyclette, attrapent un fusil ou un instrument de pêche, et s'éloignent sans la moindre amertume de leurs parents désolés, ne reparaissent qu'aux heures des repas, souvent maussades et fatigués.

Au retour, vous prenez congé de vos parents ou correspondants en les remerciant de leurs bontés à votre égard, en renouvelant vos résolutions et vos promesses, et vous rentrez exactement à l'heure fixée. Vous avez soin de ne rien introduire de défendu ni de suspect : friandises, journaux, brochures, liqueurs, tabac, etc.

IV. Les vacances.

Des vacances de deux mois, et quelques jours de congé à Pâques et au premier de l'an vous sont accordés pour vous délasser et vous permettre de vous retremper plus complètement dans la vie de famille. Profitez-en joyeusement sans oublier même alors que vous avez des devoirs rigoureux à remplir envers Dieu, envers le prochain et envers vous-même. Faute de se souvenir de cette vérité essentielle, beaucoup d'écoliers perdent en quelques semaines le fruit d'efforts sérieux et persévérants pendant dix mois; c'est un grand malheur, évitez-le.

1° *Devoirs envers Dieu.* — Vous serez régulier à dire vos prières du matin et du soir; si vous pouvez assister à la sainte messe pendant la semaine, soyez-en heureux; s'il vous est donné de la servir, soyez-en fier. Pendant la journée, une lecture pieuse et la récitation de tout ou partie du chapelet vous sont fortement conseillées.

Vous approcherez souvent des sacrements de Pénitence et d'Eucharistie, à peu près comme au collège, c'est la condition absolue de votre persévérance. Vous aurez besoin d'une grande énergie pour être fidèle sur ce point, mais soyez intransigeant avec vous-même et avec ceux qui oseraient vous faire obstacle. Suivez sur ce point le règlement que vous aura tracé votre directeur au collège; pour la confession, adressez-vous sans hésiter au premier prêtre approuvé, et ne l'omettez pas pendant des semaines sous de vains prétextes.

Le dimanche est le jour du Seigneur. Il ne suffit pas d'assister à une messe basse pour le sanctifier : vous assisterez habituellement à la messe paroissiale et de temps en temps du moins aux vêpres et au salut du très Saint Sacrement. Vous donnerez l'exemple à la paroisse, à la famille, et vous ne vous laisserez pas entraîner ce jour-là dans de grandes et bruyantes excursions.

2° *Devoirs envers le prochain.* — Rendez vos parents heureux, faites-leur trouver les vacances courtes; soyez-leur filialement soumis, soyez empressé à leur rendre service et à faire leurs petites commissions; soyez franc et ouvert dans vos rapports avec eux.

Soyez bon et complaisant pour vos frères et vos sœurs, donnez le bon exemple aux plus jeunes; soyez déférent pour les aînés, évitez entre vous les querelles et les coups.

Soyez sévère dans le choix de vos amis; rompez impitoyablement avec ceux dont le cœur et l'esprit seraient corrompus, quand même ce seraient des cousins ou des amis de la famille. Ne commencez jamais avec qui que ce soit et n'acceptez jamais de continuer une mauvaise conversation.

Que votre présence à la maison soit agréable même aux domestiques que vous traiterez comme il a été dit au chapitre précédent.

3° *Envers vous-même.* — Vous fuirez la mollesse et l'oisiveté; vous aurez un lever et un coucher à peu près réglés; vous ne resterez jamais au lit une fois éveillé, vous n'y lirez jamais le soir. Ayez pendant le jour des heures fixes pour le travail et les exercices de piété; les exercices d'agrément eux-mêmes (dessin, musique, jardinage, etc.) et les excursions ne doivent pas être entièrement livrés au caprice. Vos lectures seront toujours choisies avec discernement : vous ne lirez rien de suspect sans permission de votre confesseur. Vos délassements seront toujours honnêtes et modérés : vous vous prêterez le moins possible à ces réunions mondaines, à ces soirées théâtrales ou dansantes où l'âme trouve à peu près infailliblement la mort. A table, vous vous tiendrez très bien, vous saurez dire bravement le *Benedicite* et les Grâces, et faire quelques petites mortifications. Vos paroles y seront rares et toujours dignes de jeunes gens chrétiens et bien élevés.

APPENDICE

DES RETRAITES

I. La retraite de rentrée.

Au début de l'année scolaire, les élèves font une retraite de trois ou quatre jours. Après l'agitation et la dissipation des vacances, ces pieux exercices sont indispensables à votre âme pour lui permettre de se revoir devant Dieu et de se retremper dans les saints exercices de la vie chrétienne. L'année sera bénie du ciel, si vous faites la retraite avec une entière bonne volonté; elle serait au contraire probablement mauvaise, si vous la faisiez légèrement, sans vous gêner pour réfléchir et sans vous décider aux résolutions viriles.

Vous observerez donc dès le premier instant le règlement de la retraite avec une scrupuleuse exactitude. Vous serez tout entier à l'exercice du moment, à cette prière, cette méditation, ce chapelet, ce Chemin de croix, etc. *Le silence sera de rigueur;* même pendant les récréations vous éviterez une trop grande dissipation. Vous veillerez particulièrement à ne point gaspiller les temps libres, qui sont les moments les plus importants de la retraite. Vous les utiliserez à prendre quelques notes, à lire tranquillement des ouvrages de piété et surtout à méditer et à prier.

La confession de la retraite est très importante. Vous choisirez librement votre confesseur ; vous ne vous contenterez pas de lui faire une confession générale soit de l'année précédente, soit du temps des vacances ; vous lui demanderez aussi les conseils dont vous aurez besoin pour bien passer l'année ; lorsque vous aurez écrit vos résolutions peu nombreuses mais bien précises, vous les lui soumettrez en toute simplicité.

II. Des récollections partielles.

Il sera très utile que de temps en temps, pendant l'année, vous reveniez sur vos résolutions de retraite : à la fête de l'Immaculée-Conception, au commencement du carême, à Pâques, à la fête de la première communion, avant de partir pour les grandes vacances, surtout si c'est l'usage d'avoir en ce moment un triduum préparatoire à ce temps à la fois agréable et dangereux.

Voici un petit questionnaire dont vous pourrez vous servir utilement pour voir où vous en êtes de vos obligations générales et particulières. Ayez le courage d'y répondre franchement dans votre for intérieur, et vous vous maintiendrez fidèle ou du moins vous ne vous égarerez pas longtemps dans la mauvaise voie.

SIMPLES QUESTIONS

Hæc meditare, in his esto.
Pesez bien ces questions, répondez-y devant votre confesseur et devant Dieu ; revenez-y souvent en vous-même.

Mon cher enfant,

Dieu vous a comblé de ses grâces de choix : en retour il attend beaucoup de vous. Ne vous étourdissez pas dans une vie légère ; ne vous perdez pas par une vie criminelle :

1. Où en êtes-vous dans l'ordre surnaturel? Faites-vous des progrès ? Reculez-vous ? Dans

cet ordre, ne pas avancer c'est reculer. —
Avez-vous une réelle bonne volonté?

2. Êtes-vous saisi de crainte lorsque vous avez
commis le péché? Avez-vous hâte de vous
réconcilier avec Dieu? En prenez-vous les
moyens?

3. Comment faites-vous vos confessions? Préparation? Accusation? Contrition sincère? Soumission aux directions et aux ordres de
votre confesseur? Votre confesseur est-il vrai-
ment pour vous un directeur? un ami? un père?

4. Vos communions sont-elles ferventes surtout
durant l'action de grâces? Ont-elles de l'effica-
cité pour la sanctification de vos actions ordinaires? N'avez-vous pas à faire davantage sous
ce rapport pour accroître en vous la vie sur-
naturelle et mieux résister à vos passions?

5. Comment assistez-vous à la sainte messe? aux
exercices de piété : prières, chapelet, lecture
spirituelle, etc.?

6. Entretenez-vous dans votre cœur une affection
profonde, respectueuse, dévouée pour vos
parents? Comment leur parlez-vous? Com-

ment leur obéissez-vous? Comment leur écrivez-vous?

7. Quelle idée vous faites-vous de vos maîtres? de la sainteté de leur vocation? Comment recevez-vous leurs observations? Comment en parlez-vous?

8. Avez-vous ce qu'on appelle « un bon esprit » dans vos jugements, vos appréciations sur le règlement du collège; sur les choses de la religion?

9. Quelles relations avez-vous avec vos camarades? Vos conversations? Vos amitiés? Vous ouvrez-vous sur ce point à votre confesseur?

10. Exercez-vous une bonne ou une mauvaise influence? Donnez-vous franchement le bon exemple? Seriez-vous un sujet de scandale? une victime du respect humain? Avez-vous horreur des fourbes et des hypocrites?

11. Comment remplissez-vous vos devoirs d'état?

12. Exercez-vous votre volonté? Comment vous comportez-vous dans les tentations? Êtes-vous capable de silence, de discrétion, de sacrifice et de mortification?

13. Savez-vous supporter chrétiennement une épreuve, un échec, un deuil, une humiliation ?

14. Songez-vous à votre avenir ? Priez-vous ? Consultez-vous pour connaître votre vocation ? Concevez-vous des idées nobles, généreuses ? Iriez-vous jusqu'à donner votre vie pour la patrie, l'Église, Dieu ?

15. En résumé, êtes-vous content de vous ? Ne pensez-vous pas que vous êtes tiède, lâche ou même traître à l'égard de Dieu et de votre salut, et qu'il importe d'orienter mieux votre vie ?

PRIEZ – RÉFLÉCHISSEZ – CONSULTEZ

Viriliter age et confortetur cor tuum.

III. La retraite de première Communion.

A l'occasion de la première Communion, du renouvellement, de la Confirmation, les plus jeunes élèves suivent des retraites particulières. On leur recommande de s'y préparer longtemps à l'avance en s'efforçant de devenir plus pieux, plus laborieux, plus dociles et plus aimables.

Pendant la retraite, les enfants suivent les prescriptions et les usages locaux qui leur sont minutieusement expliqués. Remarquons seulement ici qu'avant la première communion une confession générale est indiquée, et qu'elle doit se faire de préférence aux confesseurs ordinaires. Si cependant quelque communiant désire s'adresser au prédicateur ou à un autre confesseur, il a la plus entière liberté.

IV. La retraite de fin d'études.

Dans beaucoup d'établissements, les élèves qui sont sur le point d'achever leurs études sont invités à faire soit dans l'intérieur de la maison, soit dans un endroit séparé, une retraite souvent désignée sous le nom de *retraite de vocation*. C'est une faveur innappréciable : si vous pouvez en jouir, ne manquez pas d'en profiter de votre mieux. Il s'agit en effet de savoir ce que le bon Dieu veut de vous, comment vous organiserez votre vie d'étudiant, et si vous voulez rester fidèle ou non votre vie entière aux principes de votre enfance et de votre adolescence chrétiennes ; la recherche de la solution à de telles questions vaut bien trois jours d'une réflexion sincère. Gaspiller un temps si court et si précieux serait une irrémédiable folie.

Pendant cette retraite, vous vous pénétrerez plus à fond des remarques faites plus haut, § 1; vous pourrez faire une confession générale remontant à votre première communion, mais, ce qui est plus important encore, c'est que vous vous entreteniez souvent et au moment opportun avec le directeur ou le prédicateur de la retraite et que vous vous fassiez entièrement connaître de lui, afin de ne prendre aucune décision concernant l'avenir à la légère sur des impressions fugitives ou des données incomplètes.

Vous seriez imprudent si vous attendiez cette retraite pour « faire choix d'un état de vie »; dès votre seconde au plus tard, vous avez dû y penser sérieusement et en parler souvent à votre confesseur ordinaire.

LE BACCALAURÉAT

I. Caractère de cet examen.

Le baccalauréat est la sanction terminale des études classiques; il ne devrait pas demander

une préparation spéciale pendant, ni hors les
classes, un surmenage échevelé pendant les
deux dernières années de collège. Tout élève
consciencieux et d'intelligence moyenne obtient
naturellement son diplôme de bachelier, la première partie à la fin de la rhétorique, la seconde
partie à la fin de la philosophie. La situation est
très différente pour les paresseux et pour les
inintelligents qui ont manqué les classes de grammaire, ce sont des efforts surhumains qui leur
sont imposés, ce sont des assauts répétés et
souvent infructueux qu'il leur faut livrer à l'at-
taque de la redoute universitaire ; les efforts sté-
riles les épuisent, les aigrissent et compromettent
parfois leur santé ; tant d'essais infructueux les
découragent et humilient leurs parents et leurs
maîtres. Ne vous exposez pas à ces ennuis, tra-
vaillez de bonne heure et d'un pas égal, et vous
arriverez certainement au but sans fatigues et
comme sans vous en apercevoir. « Le baccalauréat, a-t-on dit justement, n'est pas un prix
qu'on remporte en champ clos. Il ne faut pas
s'y préparer comme à une lutte. Il faut se dire
au contraire qu'on le gagne chaque jour sans y
penser, en travaillant. »

II. Le livret scolaire.

Depuis plusieurs années, il est d'usage que chaque candidat présente au jury d'examen un *livret scolaire*, c'est-à-dire un carnet où sont établis ses places, ses notes et ses succès scolaires depuis la classe de troisième. Le livret joue actuellement un rôle assez considérable et qui semble devoir devenir de plus en plus prépondérant. On ne saurait donc trop vous recommander de vous assurer par vos efforts, votre émulation et votre bonne conduite un *excellent livret* dont la vue seule impressionnera favorablement vos juges.

III. L'approche de l'examen.

A l'approche de l'examen, il importe que vous teniez l'esprit dispos et le corps en parfaite santé. Vous éviterez donc de vous surmener follement, de veiller tard, de ne plus jouer pendant les récréations, vous vous efforcerez de vous maintenir très calme, en bon appétit et en bon sommeil; usez le moins possible d'excitants, cafés, liqueurs, etc. surtout aux derniers jours et le jour même de l'examen.

Il est ridicule et puérile de se préoccuper dans les derniers jours des détails de sa toilette, d'imposer à ses parents des dépenses absurdes, et de se rendre au chef-lieu d'Académie en costume de noce ou de soirée. Les jeunes gens réellement distingués sont toujours ornés de simplicité et de modestie, les sots aiment le clinquant et l'éclat, ils s'admirent dans leur accoutrement dont chacun rit autour d'eux.

A l'hôtel, si vous êtes obligé d'y descendre, ayez une tenue parfaite ; honorez vos maîtres par une allure irréprochable ; mangez bien, mais modérément ; ne vous chargez point l'estomac d'aliments insolites, lourds et indigestes, encore moins de glaces, de sucreries et de pâtisseries.

IV. La salle des examens.

Vous arrivez exactement à l'heure dite, et vous pénétrez, à l'appel de votre nom, dans la salle des examens, muni de tout ce qui est requis pour composer, sans rien de plus. Vous prenez la place qui vous est indiquée. Pendant que se font les préparatifs généraux, pensez à vous recommander à Dieu et à la très Sainte Vierge. Vous aurez eu soin d'ailleurs, sauf impossibilité matérielle, d'assister auparavant à la sainte messe et même d'y communier, avec l'agrément préalable de votre confesseur.

Vous écouterez et prendrez avec calme l'énoncé des sujets, la dictée de la version, s'il y a lieu ; puis, sans perdre une minute, sans vous occuper désormais de ce qui se passe autour de vous, vous vous mettez au travail. Vous employez à votre composition *tout le temps* qui vous est accordé ; ne commettez pas la faute de sortir de la salle une demi-heure ou une heure avant le moment fixé pour la remise des copies. Calculez bien votre temps de manière à pouvoir faire d'abord un brouillon, mais si vous apercevez que le temps va vous manquer et vous exposer à remettre un travail incomplet, n'hésitez pas à composer au propre du premier coup, dans la mesure où cela sera nécessaire. Il importe de ne livrer que des copies achevées, proprement et lisiblement écrites, parfaitement ponctuées, accentuées et orthographiées. Ne faites pas d'interminables paragraphes ; allez à la ligne à propos. Ne cherchez pas à frauder, à copier, à communiquer avec des voisins. Vous vous exposeriez à des pénalités graves et vous perdriez beaucoup de force et de liberté d'esprit.

Si vous étiez indisposé pendant la composition vous iriez trouver le surveillant principal, et vous lui demanderiez la permission de sortir. Remarquez que, si votre absence se prolongeait, vous seriez probablement exclu de l'examen et remis à une autre session ; vous perdriez le droit de recouvrer les frais consignés au Trésor.

V. La composition française.
(Dissertation littéraire ou philosophique)

On vous propose trois sujets de composition française ; en général, choisissez le plus simple, le plus courant, et choisissez-le promptement, sans perdre votre temps à vouloir esquisser les trois sujets.

On vous demande d'exposer en style simple et correct une série d'idées justes et liées entre elles sur le sujet choisi ; rien de plus, rien de moins. Vous vous efforcerez, autant que cela est possible à votre âge, d'être personnel, et de ne pas jeter sur votre copie des pages entières apprises par cœur dans un manuel ; ce psitta- cisme pourrait vous jouer un mauvais tour, défiez-vous-en. Faire long ou court importe peu ; montrer un esprit cultivé, un jugement juste et droit importe beaucoup.

VI. La version latine.

C'est par la version latine que le jury juge ordinairement le mieux la valeur et le degré de culture intellectuelle des candidats. Pour bien comprendre et bien rendre la pensée d'un auteur latin, vous avez besoin d'une connaissance sérieuse de la grammaire latine et de la grammaire française. Il faut aussi que vous ayez entretenu un commerce habituel avec les principaux écrivains de Rome, et que vous ayez appris à discerner les procédés spéciaux, les expressions et les tournures qui sont propres et familières à chacun d'eux. Les principaux faits et personnages de l'histoire ancienne, les chapitres concernant les usages et les institutions de Rome et d'Athènes doivent être sans cesse présents à votre mémoire ; faute de les connaître vous êtes exposé à dire des énormités ou à être arrêté devant des riens. En traduisant, serrez le texte latin, mais de grâce, parlez français ; tenez-vous aussi éloigné d'un langage inintelligible et barbare que des paraphrases de pure fantaisie sur le texte proposé.

La version latine se fait ordinairement dans l'après-midi, à une heure peu favorable ; rappelez-vous ce qui a été dit pour les repas : ne vous chargez pas l'estomac ; arrivez à la Faculté avec la pleine disposition de vos forces physiques et morales, vous n'en aurez jamais trop à ce moment. Le texte de la version est presque toujours livré aux candidats sur une feuille imprimée ou autographié ; si par hasard, il vous était dicté, vous le prendriez avec la plus grande attention, et vous ne manqueriez de confronter patiemment votre brouillon avec le texte officiel.

VII. La composition scientifique.

Sauf pour les problèmes, vous aurez à choisir entre trois questions de mathématiques ou de physique ou d'histoire naturelle. Choisissez promptement la matière que vous préférez ; traitez le sujet aussi complètement que possible, avec ordre, en style convenable, sur une copie propre. Ne vous imaginez pas que vous êtes dispensé de vous exprimer correctement, sans fautes grossières d'orthographe, et même avec une certaine élégance, parce que vous écrivez sur un sujet scientifique : cette désinvolture pourrait vous coûter cher. Les deux heures qui vous sont accordées sont un minimum de temps pour bien composer, ne l'oubliez pas. Réfléchissez avant d'écrire ; remettez bien d'abord tout à point dans votre mémoire, puis sur un plan détaillé où seront intégralement notées comme points de repère, les formules, les définitions et les classifications précises dont vous aurez à vous servir dans le développement.

VIII. L'oral.

Présentez-vous à l'oral sans appréhensions, muni de votre livret s'il n'a pas été déjà déposé sur la table du jury. Ce n'est point le moment de prendre des airs suffisants ou satisfaits, il convient au contraire d'être humble, sans bassesse, réservé, silencieux dans la salle, poli en parlant aux examinateurs, en répondant à leurs interrogations, en recevant même leurs observations impatientées ou peu flatteuses.

Écoutez bien la question qui vous est posée, répondez-y directement ; si vous ne savez rien, gardez le silence, cela vaudra mieux que de débiter des absurdités. La plupart du temps, votre examinateur voyant votre embarras vous aidera, notamment dans les explications des textes, et si vous vous présentez devant lui réellement préparé, vous vous tirerez d'affaire ; si vous n'êtes pas prêt, ne vous en prenez qu'à vous-même de votre malheur.

La spécialité qui doit attirer le plus votre attention, ce sont les mathématiques ; on suppose que depuis la troisième vous avez suivi consciencieusement le cours de mathématiques ; si vous ne l'avez pas fait, il est à peu près impossible que vous donniez des réponses satisfaisantes à l'examen de rhéthorique. Beaucoup de candidats succombent à chaque session par la seule insuffisance de la double note de mathématiques. On peut faire une observation analogue à propos des langues vivantes trop souvent négligées dans les classes inférieures.

IX. Suprême conseil.

Avant de vous présenter au baccalauréat, prenez l'avis de vos maîtres ; s'ils vous affirment que vous n'êtes pas prêt, ayez la sagesse de les croire, ne courez pas au-devant d'un échec certain qui vous fera perdre inutilement du temps et de l'argent, vous découragera et jettera plus ou moins de discrédit sur vos parents et sur vous. Ridicules sont les prétextes invoqués par la plupart des mauvais écoliers et souvent, hélas! par leurs familles pour couvrir une présentation prématurée aux examens : il faut courir la chance, il faut voir ce que c'est. Le simple bon sens les réfute et proclame que, pour avoir le droit de se présenter à un examen, il faut l'avoir préparé au moins convenablement. Quiconque agit autrement malgré les conseils les plus autorisés, agit étourdiment, et compromet injustement par ses inévitables échecs la réputation de l'établissement où il fait ses études.

TABLE DES MATIÈRES

Paris. — Imp. DEVALOIS, avenue du Maine, 144.

9 782329 027500